Franz Altherr
Hanni Guanella
Kreta

Legenden zu den Umschlagbildern

vorn
Weißgetünchte Bildsäule (Ikonostássion) in Chóra Sfakíon
Die Öffnung birgt das Bild eines Heiligen, vor dem allabendlich ein kleines Öllicht angezündet wird.

hinten
Frangokástelo
Im Jahre 1371 erbauten die Venezianer im einsamen Vorgelände der Südküste, wenige Kilometer östlich von Chóra Sfakíon, eine imposante Festung, die das Volk «Frangokástelo», Frankenburg, nannte. Der rechteckige Bau mit seinen vier Ecktürmen liegt an einem der schönsten Sandstrände Kretas.

Franz Altherr
Hanni Guanella

Kreta

Begegnung
mit Landschaft
und Menschen

NZN Buchverlag, Zürich

Allen jenen, die Kreta lieben.

3. Auflage 1981

Printed in Switzerland
ISBN 3 85827 002 4

Inhalt

Zur Einleitung

Kreta wurde zu Beginn des 20. Jahrhunderts für Europa wiederentdeckt dank der Ausgrabung der minoischen Kultur, der frühesten unter den abendländischen Hochkulturen. Nachdem schon 1878 ein kretischer Liebhaber-Archäologe bei Probegrabungen am späteren Palasthügel von Knossós auf zusammenhängendes Mauerwerk und große Vorratsgefäße gestoßen war und wenig später italienische Archäologen in der Messará die Örtlichkeit des Palastes von Phaistós bestimmen konnten, war es dem Engländer Sir Arthur Evans vorbehalten, mit der Ausgrabung von Knossós den vollen Beweis zu erbringen, daß diese glanzvolle Kultur, jahrhundertlang nur der griechischen Mythenwelt zugehörig, tatsächlich existiert hatte.

Tausende von Reisenden besuchen nun alljährlich diese Stätten und das Archäologische Museum der nahe von Knossós gelegenen Stadt Iráklion, in welchem lückenlos und in überwältigender Fülle die Epochen jener Frühkultur des dritten und zweiten vorchristlichen Jahrtausends mit Kunstgegenständen höchster Qualität und Originalität dokumentiert sind.

Auch Bücher und Monographien behandeln in der überwiegenden Mehrzahl jene minoische Vergangenheit, die Paläste von Knossós, Phaistós, Mália und Zákros, die Villen und Stadtanlagen und die dort gefundenen kultischen und dem Alltagsgebrauch dienenden Gegenstände. Bildbände illustrieren das antike Kreta, und es versteht sich, daß in ihnen das Interesse an der Archäologie im Vordergrund steht. Nur selten wird ein Bezug zur Landschaft oder gar zu den Menschen hergestellt. Die Insel von heute scheint vom Schatten ihrer großen Vergangenheit zugedeckt.

Wer aber Kreta häufiger besucht, der gerät in den Bann dieser Insel, einer der schönsten Inseln des Mittelmeeres. So ist es auch uns ergangen. Und aus dieser Begegnung erwuchs der Wunsch, einmal vom «anderen» Kreta, von den Landschaften, Städten und Menschen zu erzählen, eine Bildfolge zusammenzustellen, die die Insel schildert, so wie sie heute, in unserem 20. Jahrhundert, lebt. Natürlich war auch bei dieser Themenstellung ein Blick zurück in die Vergangenheit oft unerläßlich, da diese das heutige Gesicht Kretas mitgeprägt hat. Immer aber blieb uns die Gegenwart das Wichtigste.

Daß ein solcher Bericht kein kleines Unterfangen ist, leuchtet ein, wenn man an die Ausdehnung, vor allem aber an die außerordentliche Vielfalt der Gestalt und des Lebens der großen Insel denkt. Kreta – von der Größe eines Fünftels der Schweiz –, das unter anderem mehr als 1000 Kilometer Küsten besitzt, besteht nicht nur aus hohen Bergmassiven, aus Schluchten und wilden Steilküsten, sondern auch aus fruchtbaren Binnen- und Küstenlandschaften, die ihr südländischen Charakter verleihen. Von Alpweiden steigt der Wanderer in die Olivenwälder der Hangdörfer und hinab zum Meer, wo neben köstlichen Trauben auch Orangen und sogar Bananen gedeihen. Während dem rauhen Klima der Berge nur die wetterfesten Zypressen und Steineichen standzuhalten vermögen, kann man an warmen Stränden unter Palmen baden.

Doch auch die Menschen gehören zum Bild der Insel! Daß die Kreter ein besonders geprägter Menschenschlag sind, der sich auch äußerlich von den Griechen anderer

Inseln oder des Festlandes unterscheidet, erleben wir nicht nur an den Hirten und Jägern der Weißen Berge oder in der Begegnung mit einem Klostervorsteher an der Südküste, sondern auch bei einfachen Bauernfamilien irgendwo auf der Insel. Trotz der zunehmenden Abwanderung in die Stadt und aufs Festland hat sich besonders in dörflichen Verhältnissen viel ehrwürdige Tradition erhalten, an der man in der Familie streng festhält und die mitzuerleben dem fremden Gast zum unvergeßlichen Erlebnis wird.

Um allen Teilen Kretas gerecht zu werden, sind die vier Verwaltungskreise Iráklion, Lassíthi, Réthimnon und Chaniá dem Aufbau zugrundegelegt und zu Kapiteln gestaltet worden. In Bildern und Text werden einige der Charakteristika jedes dieser Inselteile gezeigt. Angesichts der Vielfalt der Landschaften und der Fülle der menschlichen Themen fiel uns die Begrenzung auf den vorgeschriebenen Umfang des vorliegenden Bandes äußerst schwer. Welche der vielen einzigartigen Wanderungen sollten wir beschreiben, welches Erlebnis dagegen unerwähnt lassen? Welche Blumen waren am schönsten gewesen? Welche Landschaft zeigte das Typische, Einmalige der Insel? Welches Gesicht würde dem späteren Betrachter etwas vom Charakter des Inselvolkes aussagen? Trotz aller Bemühung *mußte* das Bild der Insel unvollständig bleiben.

Trotzdem hoffen die Verfasser eines zeigen zu können: daß Kreta eine Welt ist, in die tiefer einzudringen faszinierend und der Mühe wert ist. Leicht zugänglich ist sie sicher nicht, denn sie öffnet sich *dem* nicht, der nur im Hotel und am Strand Ferienfreuden genießen will. Es bedarf hierzu eigener Anstrengung, eines Paares kräftiger Wanderschuhe vielleicht und vor allem einiger Worte Neugriechisch. Dann aber wird einem neben dem unvergeßlichen Eindruck der Landschaft etwas geschenkt, das unter Menschen unserer Zeit gar nicht mehr selbstverständlich ist, das Erlebnis herzlichen Entgegenkommens und spontaner Hilfsbereitschaft von Frauen und Männern, die es ganz natürlich finden, dem Fremden eine Freundlichkeit zu erweisen und ihn als Gast bei sich aufzunehmen.

Seit der ersten Auflage unseres Buches im Jahre 1971 hat sich die Zahl der Feriengäste aus europäischen Ländern vervielfacht. Die Nordküste ist an langen Strecken mit Hotels, Ferienhäusern und privaten Villen Einheimischer dicht überbaut, und auch die einst ganz stillen Orte der Südküste erfreuen sich bei den Fremden immer größerer Beliebtheit. Trotzdem ist in den ländlichen Bezirken abseits der touristischen Zentren diese Inselwelt auch heute noch unversehrt, wo man den Fremden nicht nur als Objekt ansieht, an welchem man verdienen kann. Wie lange das noch so bleiben wird, hängt auch von jenen ab, die Kreta als Reiseziel wählen. Möge die vorliegende Bilderfolge in diesem Bestreben nicht nur für die einzigartigen Schönheiten der Insel und deren Erhaltung werben, sondern gleichzeitig auf die Verantwortung hinweisen, die jeder einzelne für die Bewahrung des Charakters ihres ursprünglichen und liebenswerten kretischen Volkes trägt.

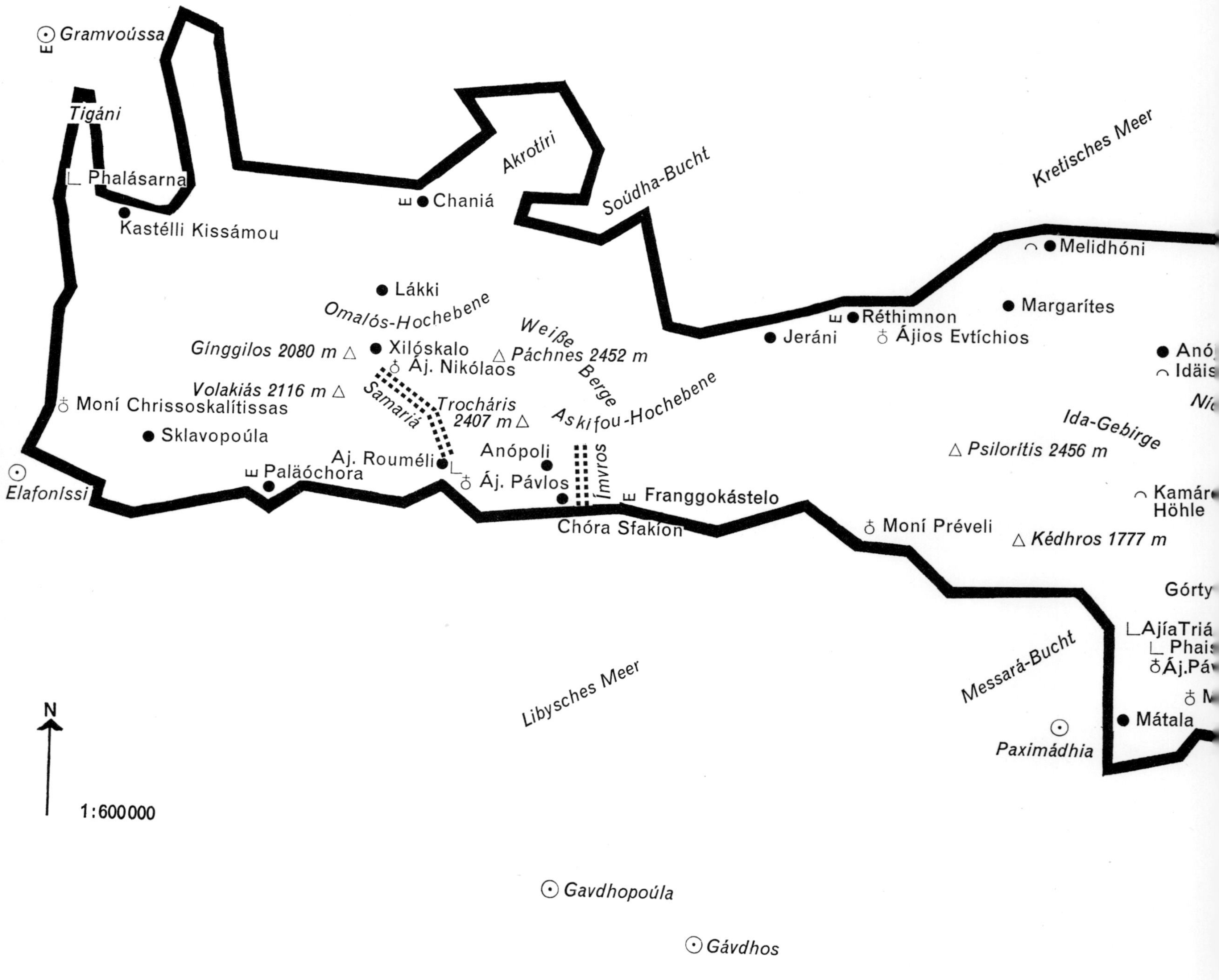
Gramvoússa
Tigáni
Phalásarna
Kastélli Kissámou
Chaniá
Akrotíri
Soúdha-Bucht
Kretisches Meer
Melidhóni
Lákki
Omalós-Hochebene
Weiße Berge
Réthimnon
Margarítes
Jeráni
Ájios Evtíchios
Gínggilos 2080 m
Xilóskalo
Áj. Nikólaos
Páchnes 2452 m
Volakiás 2116 m
Moní Chrissoskalítissas
Samariá
Trocháris 2407 m
Askifou-Hochebene
Ida-Gebirge
Sklavopoúla
Psiloritis 2456 m
Elafonissi
Paläóchora
Aj. Rouméli
Anópoli
Áj. Pávlos
Ímvros
Franggokástelo
Chóra Sfakíon
Moní Préveli
Kédhros 1777 m
Kamár
Höhle
Messará-Bucht
Libysches Meer
Mátala
Paximádhia
N
1:600000
Gavdhopoúla
Gávdhos

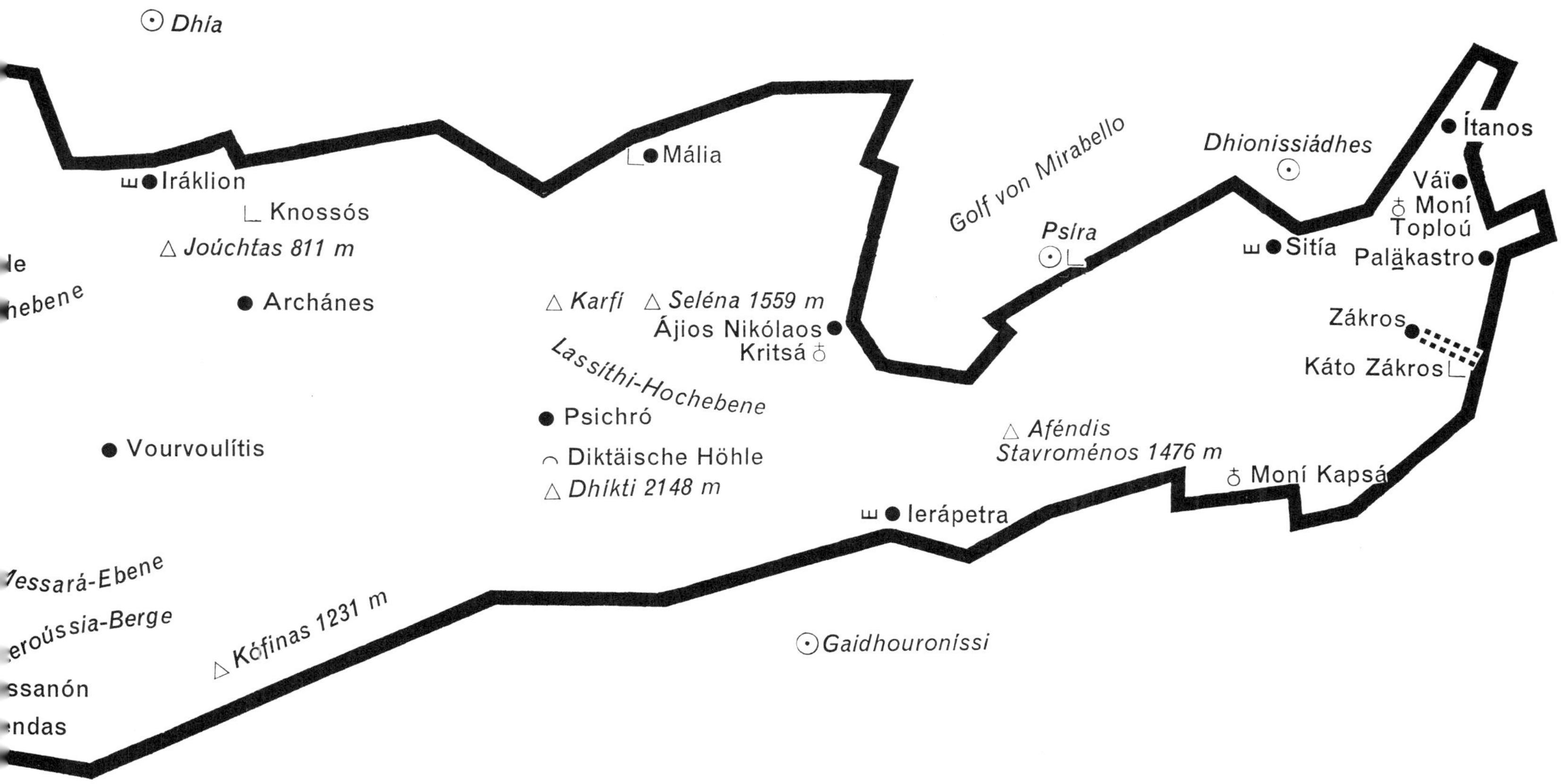

Zeichen:

- ● Ortschaft
- △ Berg
- ⊙ Insel
- ♁ Kloster oder Kirche
- Ш Kastell
- ⌒ Höhle
- ∟ Archäologische Stätte
- ∷ Schlucht

Der Inselkreis Iráklion

Der größte Verwaltungsbezirk – auf griechisch nomós – trägt den Namen der Hauptstadt der Insel, Iráklion. Diese liegt ziemlich genau in der Mitte der Nordküste und zählt mit ihren Vororten etwa 85000 Einwohner. Hell leuchtet sie dem zu Schiff Ankommenden entgegen. Beim Hafen endet ihr venezianischer Befestigungswall in einem stolzen Kastell.

Vom April bis Ende Oktober gleicht die Stadt einem Bienenhaus. Ihre Straßen und Cafés, der Markt, die Andenkenläden und die Hotels sind von ausländischen Touristen überfüllt. Hauptanziehungspunkt für die Fremden sind das Archäologische Museum und der nur wenige Kilometer vor der Stadt liegende minoische Palast von Knossós.

Aus der bewegten Vergangenheit Iráklions ragen zwei Epochen besonders hervor. Von 1204 an waren die Venezianer 450 Jahre lang Herren der Insel. Sie brachten der Hauptstadt Reichtum und neue Bedeutung. Vielen der nach dem Untergang des byzantinischen Reiches aus Konstantinopel geflüchteten Griechen gewährte sie Asyl, und Literatur und Malerei erlebten damals eine neue Blüte. Nach einer beispiellosen, 22 Jahre dauernden Belagerung fiel die Stadt 1669 in die Hände der Türken. Diese herrschten hart, oft grausam. Níkos Kazantzákis, der in Iráklion geborene größte griechische Dichter der Neuzeit, schildert die Leiden des kretischen Volkes und seinen verzweifelten Widerstand. Erst kurz vor der Wende zum 20. Jahrhundert wurde die Insel endgültig frei. Die deutsche Besetzung im Zweiten Weltkrieg war die letzte Heimsuchung der Stadt. Sie hat unter Bombardierungen sehr gelitten. Glücklicherweise ist zu ihrem Aufbau viel getan worden, und auch an den mittelalterlichen Bauten – die schönsten stammen aus der venezianischen Periode – konnten die Schäden wieder behoben werden.

Iráklion ist als Regierungshauptstadt das Zentrum der Insel. Nach Osten dehnt sich flaches Kulturland an der Küste. Lange Sandstrände ließen hier große Hotelkomplexe entstehen. Besonders fruchtbar ist die Küstenebene bei Mália, die noch vor wenigen Jahren durch viele segelbespannte Windräder bewässert wurde (Vgl. Bild Nr. 1). Heute pumpen Benzinmotoren das Grundwasser auf die Felder, und nur die häßlichen Eisenskelette sind stehen geblieben.

Schon im zweiten vorchristlichen Jahrtausend muß diese Küstenebene am weitgezogenen Golf von Mália sehr fruchtbar gewesen sein, da sich hier um einen minoischen Palast eine große Stadt entwickelte, die rund einen Quadratkilometer Fläche bedeckte. Auch heute noch bringt die fette braunrote Erde reichen Ertrag, und dank des reichlichen Wassers gedeihen sogar Bananen.

Südlich der Stadt, um den Berg Joúchtas, breitet sich das fruchtbare Hügelland der Rebberge aus. In hohen Lauben hangen die honigfarbenen Rosakí-Tafeltrauben; die kleineren Beeren an den niedrigen Stauden eignen sich zum Trocknen und werden als Rosinen und Sultaninen exportiert. Als Zutat zum kretischen Schnaps, der ‹tsikoudhiá› oder einfach ‹rakí› heißt, munden sie köstlich.

Wer den Süden des Inselkreises besuchen möchte, kann der Straße über den Vourvoulítispaß folgen. Bis zur Paßhöhe reichen die Traubenfelder. Dann ändert sich das Landschaftsbild. In Kurven senkt sich die Straße zur größten Ebene Kretas, der Messará. Sie war seit alters die Getreidekammer der Insel. Unter den alten Ölbäumen sprießt schon im frühen Januar ein dichter, grasgrüner Krautteppich, und nach den bunten Anemonen blühen im April die goldgelben Chrysanthemen, die den Boden ganz bedecken. Wir sind im ältesten Siedlungsgebiet der Insel, dessen früheste Funde ins Neolithikum zurückreichen. Die Messará endet im Westen am Libyschen Meer. Auf einer ihrer letzten Hügelkuppen liegt in unvergleichlicher Schönheit der Palast von Phaistós.

Ein minoisches Fürstengeschlecht hat um das Jahr 2000 v. Chr. hier eine Residenz geschaffen, von der auch starke künstlerische Impulse ausgingen. Schönere Gefäße als die sogenannte Kamáreskeramik aus der Frühzeit der Paläste hat Kreta nie mehr hervorgebracht. Auch in der nahegelegenen Villa bei Ajía Triádha, die in engem Kontakt mit Phaistós gestanden haben muß, repräsentiert sich die Pracht des damaligen Königstums. In den mit Reliefs geschmückten Steatitgefäßen offenbart sich höchste künstlerische und handwerkliche Begabung.

Den großartigen Rahmen zu diesen beiden minoischen Residenzen bilden zwei Bergzüge, das Massiv des Ida und die Kette der Asteroússia-Berge, an deren Fuß die Hangdörfer weiß aufleuchten. Wie ein Riegel schieben sich diese Berge zwischen Ebene und Meer. Sie werden nur selten besucht. In der Abgeschiedenheit ihrer Täler und Plateaus liegen Klöster, oft eine Tagesreise voneinander entfernt, in welchen der Wanderer gastliche Aufnahme findet. Wer auf den Kófinas, den höchsten Berg der Asteroússia, steigen möchte, tue dies am besten von Kapetanianá aus, das sich bereits auf über 800 Meter Höhe befindet. Die letzte halbe Stunde vom Sattel aus ist ohne Weg. In leichter Kletterei wird der breite Gipfel erreicht. Der Blick ins unendliche Blau des Himmels und des Wassers und auf die wie Zungen ins Meer vorspringenden Halbinseln prägt sich für immer ein.

Der Inselkreis Lassíthi

Wenig östlich von Mália überschreiten wir die Grenze zum Kreis Lassithíou. Im Gegensatz zum eben verlassenen Iráklion liegen die Dörfer hier weiter voneinander entfernt. Ostkreta ist gebirgiges Land. Einen beträchtlichen Teil der Provinz nehmen die beiden Massive der Dhíkti- und der Sitíaberge ein. Nur im Hinterland der Städte Ierápetra und Sitía und auf der Lassíthi-Hochebene liegen größere Regionen fruchtbaren Kulturlandes.
Die Zufahrten zur Lassíthi-Hochebene führen durch kahle graubraune Berge. Vom Paßübergang überrascht der Anblick einer weiten Fläche von Getreidefeldern, von Wiesen mit Apfelbäumen. Dank intensiver Bewässerung durch Tausende segelbespannter weißer Windräder wurde die Landschaft in einen Garten verwandelt.
Infolge der Abgeschlossenheit dieses Hochplateaus haben sich alte Lebensformen länger erhalten als anderswo. Das erlebt man besonders bei einem Besuch des ‹Lassíthi› während der Erntemonate im Hochsommer. Das Getreide wird zum Teil noch mühsam mit der Sichel geschnitten und mit altertümlichen Schlitten ausgedroschen. Stundenlang kreist das von einem Ochsenpaar gezogene Gefährt über die ausgebreiteten Kornbüschel auf der runden Tenne. Ist die Spreu durch Hochwerfen des Getreides gegen den Wind vom Korn getrennt, werden die Körner in Säcke gefüllt und zur Mühle gebracht. Abends trifft sich jung und alt auf der Dorfstraße, und während der Erntezeit wird mancherorts musiziert und getanzt.
Wer dann vom Dorf Psychró zur Zeushöhle steigt, glaubt beim Anblick der vielen sich munter drehenden Windräder auf eine Wiese voller Margeriten hinunterzuschauen! Ganz überblickt man die Ebene in ihrer beinahe kreisförmigen Ausdehnung nur bei der Besteigung eines der Randberge. Verhältnismäßig leicht läßt sich der Weg zum Felskopf Karfí und auf die die Nordkette beherrschende Seléna finden. Schwieriger gestaltet sich die Besteigung der zur Dhíkti gehörenden Gipfel Lásaros, Psarí Madhára und Aféndis Christós. Ist man erst einmal im Labyrinth der karstigen Hänge, hört jede Übersicht auf, und man verliert die Richtung zum angestrebten Ziel. Da immer noch keine befriedigenden Detailkarten der Insel erschienen sind, vertraue man sich vorerst der Führung eines Hirten an.

Der Hauptort des Kreises ist Ájios Nikólaos am tintenblauen Mirabellogolf. Hügel voller Mandel- und Olivenbäume umschließen die kleine malerische Stadt halbkreisförmig. In ihnen verborgen liegt eine der schönsten byzantinischen Kirchen Kretas. Von den über 800 mit Fresken geschmückten Kirchen und Kapellen der Insel haben nur wenige das Bild ihres ursprünglichen Zustandes beibehalten. Die Panajía-Kerá-Kirche bei Kritsá gehört zu diesen wenigen. Ihre drei Schiffe sind ganz ausgemalt, und die Szenen aus dem Leben der Heiligen Anna, des Christus und des Heiligen Antonius zeugen vom Können und der Geistigkeit ihrer Maler.

Wer weiter nach Osten fährt, wird auf einer prachtvoll angelegten, heute großzügig ausgebauten Uferstraße zur schmalsten Stelle der Insel bei Pachiámmos geführt. Die Barriere der sich auftürmenden Sitía-Berge kann nur der Küste entlang überwunden werden. Im Norden steigt die Straße zuerst leicht gegen die Berge an. Inseln tauchen aus dem Meer. Von den hochgelegenen Hangdörfern senkt sie sich dann zur Küstenebene von Sitía.

Der östlichste Teil der Insel ist eine Welt für sich, nur durch die Nordküstenstraße direkt mit dem Zentrum Kretas verbunden. Es ist deshalb nicht verwunderlich, daß es den Venezianern nicht gelang, aus Sitía einen bedeutenden Hafen zu machen. Dennoch kann die Stadt stolz sein, als Heimat zweier Künstler der Renaissance zu gelten, der Vettern Vitzénzos und Ioánnis Kornáros. Vitzénzos dichtete den ‹Erotókritos›, ein episches Meisterwerk, das großen Einfluß auf die neugriechische Literatur der Gegenwart ausübte und dessen Verse noch heute im kretischen Volk leben. Ioánnis gilt als der Schöpfer der einzigartigen Ikone im Kloster Toploú, die in Miniaturmalerei Szenen des Alten und des Neuen Testamentes wiedergibt. Die Tradition des Dichtens hat sich übrigens bis heute erhalten, stammt doch eine besonders große Zahl der kretischen gereimten Zweizeiler, der sogenannten Mandinádhes, aus Ostkreta.

Als die Türken die Insel erobert hatten, wurde ihnen auch im Osten immer wieder erbitterter Widerstand geleistet. Davon zeugt die Architektur des zu einer Festung gestalteten Klosters Toploú östlich von Sitía, das in unendlicher Einsamkeit auf einem Hochplateau des nordöstlichsten Zipfels der Insel liegt. Selbst sein Name – ‹top› heißt auf türkisch ‹Kanone› – ist bezeichnend und erinnert an diese seine zweite Aufgabe.
Von Toploú ist es nur eine Wegstunde bis zur Ostküste. Berühmtheit hat dort der Palmenwald von Váï erlangt, da er der letzte ist, der sich auf Kreta erhalten hat. Unberührtere Sandstrände, allerdings ohne Palmen, liegen nördlich von Váï bei Ítanos und bis hinab zum Golf von Paläkastro im Süden.

Seit zu Beginn der sechziger Jahre griechische Archäologen bei Káto Zákros auf Reste eines minoischen Palastes stießen, ist Ostkreta in den Vordergrund des Interesses getreten.

Bis heute sind die Hauptteile dieser der Periode der Neuen Paläste angehörigen Residenz ans Licht gebracht worden, deren aufsehenerregende Funde einen Saal des Museums in Iráklion beanspruchen. Die noch immer nicht abgeschlossene Grabung zieht alljährlich viele Besucher an.
Durch das sogenannte ‹Tal der Toten›, auf dessen Grund im Frühsommer ein dichter Strom rotblühenden Oleanders fließt, kann man vom Hangdorf Áno Zákros zu Fuß direkt zur Küstenebene hinabsteigen. Hier öffnet sich die Bucht weit der aufgehenden Sonne entgegen. Wer dort übernachtet, erlebt die Stille einer großen, noch unberührten Landschaft.

Ganz unerwähnt blieb die den Kreis im Süden abschließende Küste des Libyschen Meeres. Seit zwischen Ierápetra und Sitía eine gut ausgebaute Verbindungsstraße besteht, sind die prächtigen Sandbuchten jenes Teils der Südküste zugänglich geworden und der Besuch des in ihrem letzten Golf gelegenen einsamen Klosters Kapsás erleichtert.
Am Ende der die schmalste Stelle Kretas durchquerenden Straße liegt Ierápetra, die einzige Stadt der Südküste. Sie hat ihren ganz eigenen Charme. Neben einem kleinen Museum mit Lokalfunden sieht man die venezianische Festung am Meer und das Minarett mit dem Brunnen aus der Türkenzeit. Und auch hier gibt es eine kulinarische Spezialität, die ‹loukoumádhes› genannten Brühkugeln mit Honig.
Unter den Tamarisken an der langen Strandpromenade sind die Fischer mit dem Trocknen und Flicken ihrer Netze beschäftigt. Ihre bunt bemalten Boote liegen vorn am Strand. Bei ruhiger See kann man zur fernschimmernden Gaidhouroníssi fahren. Wir haben auf der Überfahrt Delphine gesehen und unter hohen Dünen einen Strand gefunden, der aus lauter weißen Müschelchen bestand.

Der Inselkreis Réthimnon

Von allen kretischen Städten hat Réthimnon die meisten Bauwerke aus der türkischen Epoche der Insel bewahrt. Die schlanken Türme der Minarette und die Kuppeln der Moscheen geben der Stadtsilhouette ihren besonderen Reiz. Das im Westen der Stadt auf einem ins Meer vorspringenden Kap gelegene venezianische Kastell ist in vorbildlicher Weise restauriert worden. In den engen Gassen hat sich viel echtes kretisches Handwerk erhalten. Auch heute noch ist es in Réthimnon stiller und friedlicher als in den anderen Städten der Nordküste.
Das war nicht immer so. Erst hundert Jahre ist es her, seit Rethimnoten im Kampf gegen eine Türkenarmee eine unvergessene Heldentat vollbrachten: statt sich dem übermächtigen Feind zu ergeben, befahl der Abt des Klosters Arkádhi, das Pulvermagazin anzuzünden; und zusammen mit tausend kretischen Männern, Frauen und Kindern ging er freiwillig in den Tod. Der Tag der Sprengung, der 9. November, wurde zu einem kretischen Nationalfeiertag.
Auch während des Zweiten Weltkrieges taten sich Menschen in Klöstern und Dörfern dieses Inselkreises hervor. Kloster Préveli an der Südküste war während längerer Zeit Rückzugsstation für alliierte Truppen, die nach Afrika evakuiert werden mußten, und das Bergdorf Anójia am Nordabhang des Ida galt als eines der Zentren des kretischen Widerstandes. Beide mußten die Unterstützung der Engländer, Australier und Neuseeländer büßen, Préveli durch Plünderung, Anójia durch die totale Vernichtung.

An all das denkt der Tourist von heute nur selten. Ihn beglückt die unberührte Schönheit dieses Inselteiles, er erfreut sich an der Fruchtbarkeit des Bezirkes Amári, der, zwischen Ida und Kédhros gelegen, voller sprudelnder Quellen ist, und er bewundert die Schluchten der Region von Ájios Vassílios und die romantischen Kieselstrände am Libyschen Meer.
Nicht genug kann man von den Naturschönheiten dieses Inselkreises sprechen! Wer sich für Höhlen interessiert, hat die Wahl zwischen jenen, die in der Frühzeit der Insel Orte kultischer Verehrung waren und in denen archäologisch wichtige Funde gemacht wurden, wie zum Beispiel in der großen Zeushöhle auf der Nídha-Hochebene am Ida. Oder er besucht Höhlen, die mit Ereignissen der jüngeren Geschichte zusammenhängen, wie die Höhle von Melidhóni im Kouloúkonas-Gebirge, in welcher sich eine der Tragödien des kretischen Volkes während der Türkenbesetzung abgespielt hat. Oder aber er läßt sich nach Jeráni, nur sieben Kilometer westlich von Réthimnon, führen, wo man kürzlich bei Straßenarbeiten auf eine der ältesten Höhlen des Kreises stieß. Die Tausend und Abertausend von schneeweißen Stalaktiten im schmalen, langgestreckten Zugang scheinen in ein Märchenschloß zu führen!
Und dann sind die Berge! Réthimnon ist stolz, daß der Höchste der Insel, der Psiloritis, zu seinem Kreis gehört. Er ist von Norden und von Süden her zu besteigen. Länger dauert der Aufstieg von Anójia über die Nídha-Hochebene; kürzer, aber wesentlich steiler sind die Pfade von den Dörfern Kamáres, Kouroútes oder Fourfourás. Auf dem Gipfelplateau steht eine Kapelle, Tímios Stavrós, an die eine Schutzhütte angebaut ist. Aus Steinen ohne Mörtel gefügt, gleichen sie den Rundhütten der Hirten in den kretischen Gebirgen. In großer Einsamkeit erhebt sich dieser Berg der Inselmitte. Weiße Berge und Dhíkti-Massiv sind in die Ferne gerückt, und das Auge verliert sich in

der Bläue der beiden Meere. Nur in der klaren Winterluft zeigt sich am Nordhorizont Santorín, das etwa 100 Kilometer entfernte antike Théra, am Rande der ägäischen Inselwelt.

Wenn ein kretischer Sinnspruch von den Rethimnoten sagt, diese hätten sich auf dem Gebiet der Literatur besonders hervorgetan, ist man versucht, hinzuzufügen, daß ihnen auch eine manuell-künstlerische Begabung eigen sei. So wird ein großer Teil der noch heute im Hause benützten Tongefäße, die Wasserkrüge, die Schüsseln zum Kneten des Brotteigs und die großen Behälter für Öl, Getreide und Wein, in Dörfern dieses Kreises hergestellt. Kommt man ‹zur rechten Zeit› in ein solches Dorf, das heißt, wenn die Männer an der Arbeit sind, erlebt man das alte Töpferhandwerk, das Bereiten der Erde, das Formen des Gefäßes auf der Töpferscheibe und das Brennen im selbstgemauerten Ofen, noch in seiner ursprünglichen Form.
Zum Schluß sei noch ein Hinweis auf die mittelalterlichen Kapellen gegeben, die in besonders großer Zahl in dieser Region zu finden sind. Der Inselkreis besitzt nicht nur die älteste Kirche Kretas, die mit dem Datum 1196–1225 versehene Ajía Ánna bei Asómatos, sondern eine ganze Reihe kunsthistorisch bedeutender Freskenzyklen. Die oft einige Wegstunden vom Dorf entfernten Kirchlein zu finden, erfordert viel Zeit und Muße. Nichts aber macht den wirklich an Kreta Interessierten glücklicher, als die Erreichung eines solchen Zieles. Immer führt der Weg durch unberührte, schönste Landschaften, und man begegnet Menschen, die durch ihr Abgeschiedensein das Ursprüngliche noch nicht verloren haben. Vor allem wird man spüren, daß die kleine weißgetünchte Kirche mit ihren Ikonen zum Eigentlichen der Insel gehört, da sie Ausdruck der innigen Frömmigkeit der Künstler ist, die sie geschaffen, und deren Nachkommen, die sie bis heute liebevoll betreut haben.

Der Inselkreis Chaniá

Wer den Westen der Insel nicht kennt, kennt Kreta nur halb! Die vom Festland kommenden Schiffe landen bei Soúdha, einem NATO-Flottenstützpunkt, nachdem sie den größten Naturhafen Kretas, die Soúdhabucht, durchfahren haben. Chaniá selbst, die Kreishauptstadt, befindet sich sechs Kilometer westlich von ihr.
Alt-Chaniá liegt auf einer ins Meer hinausragenden, einen kleinen Hafen umschließenden Landzunge. Allein dieser Hafen ist eine Reise nach Westkreta wert. Im Halbkreis reihen sich die alten Häuser hinter dem Quai. An seinem einen Ende leuchten die Kuppeln einer einst rosafarbenen, heute grell getünchten Moschee. Am Vormittag ist es still am Hafen. Die Fischer sind vom nächtlichen Fang heimgekehrt und flicken ihre Netze; Tintenfische trocknen an der Sonne.
Kommt man am späteren Nachmittag hier wieder vorbei, stellt man eine merkwürdige Veränderung fest. Reihenweise stehen Tische und Stühle auf der Straße bis hinunter zum Wasser, und die Häuser haben sich in Tavernen verwandelt, aus deren weitgeöffneten Türen es lecker nach Fisch und Lamm am Spieß duftet. Beim Sonnenuntergang belebt sich der Quai. Hier treffen sich jung und alt zur Vólta, dem beliebten griechischen Abendbummel, bei dem man, gemütlich hin- und herschlendernd, sich das Neueste vom Tage erzählt.
Die kleinen Restaurants, der ‹Mond›, die ‹Krabben›, die ‹Meeresbrise›, und wie sie alle heißen mögen, laden zum Essen ein. Am Wochenende findet man bald keinen freien Stuhl mehr. Geschäftig eilen die Kellner hin und her und bringen das Köstlichste von den langen, reich beladenen Tischen im Inneren der Lokale, allerlei Meeresgetier und knusprig gebratene Hühnchen, bunte, mit weißem Schafkäse garnierte Salatteller, Früchte, und immer wieder den köstlichen Inselwein. Unter die Gäste mischen sich Matrosen vom nahegelegenen Kriegshafen Soúdha, die nach den Klängen eines Grammophons zu singen beginnen. Dann kann es sein, daß der schmale Streifen zwischen Taverne und Wasser zur Tanzfläche wird, und es ist ein unvergeßliches Erlebnis, den weißgekleideten Männern zuzusehen, deren Bewegungen so exakt und von vollendeter Anmut sind, an diesem Schauspiel teilzunehmen, das ebensosehr aus den Darbietungen der Tänzer als auch aus den Reaktionen des Publikums besteht, das mit Fingerschnalzen, In-die-Hände-Klatschen und Zurufen die Tanzenden zu immer schnelleren Schritten und Sprüngen anfeuert. Sicher geht man an einem solchen Abend erst spät, aber sehr beschwingt in sein Hotelzimmer zurück.

Gleich einer Barrikade erheben sich hinter der Stadt die Weissen Berge, Kretas westlichstes Gebirgsmassiv, dessen Gipfel bis nahezu zweieinhalbtausend Meter ansteigen. Bis in den Mai hinein sind sie mit Schnee bedeckt, später im Sommer leuchtet ihr Karstgestein hell auf. Kein Gebirge auf Kreta ist wilder, unzugänglicher als die Lefká Óri. Hier lebt ein starker Menschenschlag, dessen stolzeste Vertreter die Sfakioten aus dem Bezirk Sfakiá sind. Wer das Glück hat, in einem Bergdorf ein Hirtenfest mitzuerleben, zum Beispiel den Namenstag des Heiligen Georg, an welchem Hunderte von Schafen von den Bergweiden zur kleinen Georgskirche getrieben werden, um dort die Segnung des Pfarrers zu empfangen, wird dabei den schönsten Gestalten dieses Volksstamms begegnen. Die Sfakioten sind rauhe, aber gastfreundliche Menschen, die geborenen Revolutionäre und Partisanen. Durch ihren Widerstand gegen alle fremden Eindringlinge haben sie sich reiner erhalten als die Bewohner anderer Gegenden der Insel. Seit jeher gehören sie zu den unerschrokkensten Freiheitskämpfern. Viele der großen Aufstände gegen die Türken im Laufe des letzten Jahrhunderts wurden von sfakiotischen Männern geleitet; Sfakioten haben sich besonders hervorgetan im Widerstand gegen die deutsche Invasion des Zweiten Weltkriegs. Heute sind die Sfakiá und die Insel frei. Die einst hier heftig geübte Blutrache ist gesetzlich verboten, die Männer gehen friedlicheren Berufen nach, und nur in Gedichten und Liedern lebt die große Vergangenheit weiter.

Der meistbegangene Weg quer durch die Weißen Berge an die Südküste beginnt bei Chaniá, steigt zur Hochebene Omalós und folgt der Samariá-Schlucht, der längsten Europas, hinab ans Südmeer. Seiner besonderen Schönheit wegen sei er genauer geschildert.

Nach den Orangenplantagen bei Fournés erreicht die Straße das letzte Dorf, Lákki, das oberhalb dichter Olivenwälder auf einer Hügelrippe liegt. Nach Überschreiten eines Passes blicken wir auf eine Ebene, den Omalós, dessen beinahe kreisförmiges Bassin rings von schönen Bergen eingeschlossen ist. Auf dem fruchtbaren Schwemmland gedeihen Kartoffeln und Getreide. Die Straße endet am südlichen Rande abrupt vor dem Absturz des Geländes in eine tiefe Schlucht, die Samariá.

Der Ort heißt Xilóskalo, die Holztreppe. Hier hat der griechische Fremdenverkehrsverband eine Berghütte gebaut, ein idealer Ausgangspunkt für Wanderer und Bergsteiger. Es ist ein wahrhaft königlicher Platz. Vom Hüttenbalkon überblickt man den oberen Schluchtteil, der von einem der Gipfel der Páchnes begrenzt wird. Die dunkle Pyramide des Gínggilos mit seinen in die Tiefe stürzenden Steilwänden erscheint von hier unbesteigbar. An dieser Stelle sieht man noch etwas von dem Kreta, von dem es im Altertum hieß, es sei mit Zedern- und Zypressenwäldern bedeckt gewesen. Zwar gibt es auf der Insel nirgends mehr Zedern, aber um so prächtigere Exemplare der Bergzypresse.

Die Wanderung durch die 18 Kilometer lange Schlucht ist eine der schönsten auf Kreta. Gutes Schuhwerk und Sonnenschutz sind zu empfehlen. Wer die Tour im Frühling unternimmt, stecke Turnschuhe in den Rucksack, da der über ein Dutzend mal zu überquerende Bach dann viel Wasser führt.

Nach etwa 800 Metern Abstieg auf einem sehr gepflegten Weg kommt man zur kleinen Ájios-Nikólaos-Kapelle. Sie steht mitten in einer Wiese, auf der im April die Asphodelen blühen. Kurz darnach ist die Talsohle erreicht, in der ein frischer Bach fließt.

Beim Einmünden eines weiten Tales von Nordosten her knickt unser Weg rechtwinklig nach Süden und erreicht die einzige Siedlung der Schlucht. Von ihrer Kapelle Santa Maria leitet sich der Name Samariá ab. Heute ist das Dorf verlassen und seine Ställe zerfallen. Die Familien sind ausgesiedelt worden, da der Schluchtbereich als Zentrum eines kretischen Nationalparks in den Weißen Bergen unter Naturschutz gestellt wurde.

Nach dem Dorf führt unser Weg direkt ins Bachbett, das in seinem ersten Teil ausgetrocknet ist. Der Fluß ist im karstigen Gestein versickert. Enger treten die Felswände zusammen. Auf Gesteinsbändern wachsen vielerlei Kräuter und kleine Büsche, und ab und zu leuchtet die Blüte einer Wildblume auf. Plötzlich sehen wir hohe Platanen vor uns. Sie sind an der Stelle gewachsen, an der aus unzähligen Quellen und Quellchen das Wasser des Flusses wieder an die Oberfläche tritt. Unter den schattigen Bäumen kann man Mittagsrast halten.

In der nun folgenden Stunde durchschreiten wir den großartigsten Teil der Schlucht. Dort, wo die fast senkrechten Felswände auf nur zwei Meter zusammenrücken, hat sich der Fluß mehrere hundert Meter tief eingefressen. Die engste Stelle heißt i sidheróportes, die eisernen Pforten. Hier füllt das Wasser das Bett des Flusses ganz. Wenn das Tal sich weitet, erreichen wir die wenigen Häuser des Dorfes Ajía Rouméli. Vom Juni an begleitet uns dann auf dem letzten Wegstück ein leuchtend roter Strom blühenden Oleanders. Lockend erscheint am Horizont das tiefblaue Libysche Meer.

Die normale Schluchtwanderung endet am Strand, von wo aus regelmässig Kursschiffe mit Chóra Sfakíon, dem

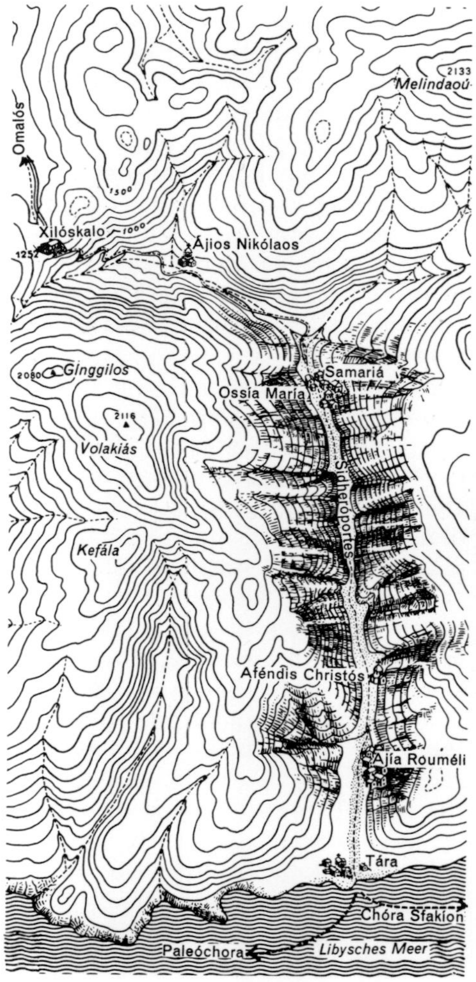

Hauptort der Sfakiá, verkehren. In der kleinen Siedlung am Meer findet man auch Übernachtungsmöglichkeiten. Für die Unentwegten führt ein Strandweg in östlicher Richtung in etwa fünf Stunden zum kleinen Hafen Loutró, von wo aus bei jedem Wetter ein Schiff zur Chóra fährt. Auf diesem Marsch kommt man zur einsamen, auf einem Felsen erbauten Ájios-Pávlos-Kirche, einem Juwel byzantinischer Baukunst. Süßwasser drängt in unmittelbarer Nähe des Meeres durch die Strandkiesel und gibt der Legende, die erzählt, der Apostel Paulus habe auf seiner Reise als Gefangener nach Rom hier an einer Quelle Menschen getauft, einen tieferen Sinn.

Die Bezirkshauptstadt der Sfakiá, Chóra Sfakíon, ist nur durch eine einzige Fahrstraße mit der Nordküste und Chaniá verbunden. Vor ihrem Bau führte ein Maultierpfad von der Hochebene Askífou durch die romantische Ímvros-Schlucht, von der Kretakenner sagen, ihr engster Teil sei wilder und eindrücklicher als die Sidheróportes der Samariá. Dank der schweren Zugänglichkeit vom Lande her war die noch im 16. Jahrhundert 3000 Einwohner zählende Chóra nie unter türkischer Herrschaft. Heute ist das Fischerdorf zu einem beliebten Ferienort geworden, in dessen einfachen Hotels man gut aufgehoben ist.

Von den einst hundert Kapellen und Kirchlein in und um Chóra Sfakión sind mehr als die Hälfte verfallen. Kostbare Fresken des Ioánnis Pagoménos, des bedeutendsten westkretischen Malers des 14. Jahrhunderts, besitzt die Ájios-Jeórjios-Kirche im Nachbardorf Komitádhes. Auf dem Weg zur hochgelegenen Kirche der Zwölf Apostel am Ostrand der Chóra kommt man an einem schneeweiß getünchten Ikonostássion (s. Titelbild) vorbei.

Überall auf der Insel begegnet man solchen Bildsäulen. Meistens sind sie aus Stein, verkleinerten Kirchtürmen ähnlich, andere wie kleine Häuser aus bemaltem Blech. In ihre Öffnung ist eine Ikone des Christus, der Maria oder eines Heiligen gestellt, und wer hier als erster am Abend vorbeikommt, entzündet den Docht in der kleinen Schale mit Öl. An Festtagen wird das Heiligenbild mit Blumen geschmückt. Gottesglaube und Heiligenverehrung gehören aufs engste zum Leben der Inselbewohner; und so sind auch diese kleinen Mahnmale sichtbare Zeichen einer noch heilen Beziehung des Menschen zu Gott, Ausdruck einer Gläubigkeit, die dem Leben Halt und Sinn gibt.

Etwas hat die Westküste allen anderen kretischen Küsten voraus: an einigen Stellen ist ihr Sand korallenrot gefärbt. Es ist Sand aus Millionen und Abermillionen zerriebener roter Muscheln, der die Blautöne des Meeres noch intensiver zum Leuchten bringt. Diese Orte sind nur zu Fuß zu erreichen, der eine drei Stunden nördlich von Kastélli-Kissámou, der andere im Süden der Gegend von Elafoníssi. Auf dem ersten Weg begegnet man keiner einzigen menschlichen Siedlung. Nur die Insel Gramvoússa an der Nordwestspitze Kretas zeigt Ruinen einer Festung aus der Zeit der Venezianer. Die Wanderung nach Süden kann vom Frauenkloster Chrissoskalítissas aus begonnen werden. Weitere Siedlungen gibt es auch dort nicht. Im Kloster aber genießt der Fremde die gleiche Gastfreundschaft wie in einem griechischen Dorf. Bevor er den Strand erreicht, erlebt er noch einmal eine Überraschung. Nahe der Küste hat sich Wacholder zu großen, frei wachsenden Bäumen entwickelt, die bei einer Brunnenanlage sogar einen richtigen Wald bilden. Einen schöneren Schlafplatz könnte man sich nicht wünschen!

Die Insel Gávdhos ist der Ort, an dem Kreta am ärmsten ist. Sie liegt etwa 50 Kilometer von der kretischen Südküste entfernt im Libyschen Meer, und erst seit kurzem (Saison 1978) verkehren während des Sommers wöchentlich zwei Kursboote zwischen Paláóchora und der Hafenbucht Karávi. In den drei Dörfern der Insel leben noch etwa 150 Menschen. Neben einigen Polizisten, einem Pfarrer und einem Arzt gibt es auch einen Feldhüter auf Gávdhos, der scheinbar darüber zu wachen hat, daß Unbefugte nicht nach Altertümern zu graben beginnen. Denn Gávdhos ist archäologisch noch nicht erforscht. Es muß aber ihrer Bedeutung im Altertum wegen mit wichtigen Funden gerechnet werden.

Der Inselhauptort heißt Kastrí. Durch einen duftenden Kiefernwald ansteigend, vorbei an dünn gesäten Getreidefeldern und von der Sonne ausgebrannten Weiden, erreicht man ihn nach etwa anderthalb Stunden. Einige der ärmlichen Hütten stehen auf gewachsenem Fels. Oberhalb der letzten Häuser befindet sich, um eine Zisterne angeordnet, die Waschanlage des Dorfes. Hecken aus stacheligem Gebüsch dienen zum Trocknen der Wäsche. Der einzige Laden der Insel, der nur stundenweise am Tag geöffnet wird, ist gleichzeitig Dorfcafé. I ilikrínia, die Aufrichtigkeit, liest man auf seinem kleinen Schild.

Vor einer Hütte ist ein Bauer mit dem Scheren eines Schafes beschäftigt. Ja, es sei ein mühsames, aussichtsloses Leben hier auf Gávdhos, meint er resigniert. Die wenigen Niederschläge und der starke Wind lassen nichts Rechtes gedeihen. Und man sei vom übrigen Kreta so abgeschnitten. Letztes Jahr habe man allerdings einen Helikopter geschickt, um einen lebensgefährlich Erkrankten ins Spital nach Chaniá zu fliegen. Aber das sei ja fast nicht zu bezahlen. Andere sterben dann eben einfach. Nein, nein, es sei wirklich kein Leben. Wer nur irgendwie könne, gehe von der Insel fort, hinüber nach Kreta oder aufs Festland.

Während des griechischen Bürgerkrieges war Gávdhos Gefangeneninsel. Man hat uns die Bucht gezeigt, in welcher die damals Verbannten, meist Ärzte, Rechtsanwälte, Schriftsteller, Politiker, ausgesetzt worden waren. Mit ihren eigenen Händen haben sie sich in der Einöde ein Haus gebaut, um das Leben im Exil erträglicher zu gestalten. Wir konnten den schönen Sandstrand unterhalb der Baracke, an dem ein Wald hochgewachsener Wacholder steht, nicht recht genießen, und gerne ließ man sich zur großen Insel zurückfahren, deren fern aufragende Berge beinahe Heimat bedeuteten.

Gipfelbesteigungen in den Weißen Bergen erfordern zwar keine besonderen bergsteigerischen Fähigkeiten, wohl aber ein großes Maß an Ausdauer. Sie sollten nicht ohne sorgfältige Vorbereitung und entsprechende Ausrüstung und auch nie allein unternommen werden.
Der großen Höhendifferenzen wegen sind die Temperaturschwankungen, auch im Hochsommer, beträchtlich, und zu den auf ganz Kreta wehenden Nordwinden, den Meltémia, kommen in dieser Inselgegend heftige Westwinde hinzu. Das Gehen selbst ist mühsamer als in den Alpen, da einige der kegelförmigen Berge fast nur aus lockeren Geröllhalden bestehen. Wichtiger als der Proviant ist ein genügend großer Vorrat an Trinkwasser, denn die wenigen Quellen und Zisternen sind nicht immer leicht zu finden und liegen zudem oft weit auseinander. Aus einer Zisterne darf übrigens nur der Einheimische ohne Gefahr einer gesundheitlichen Schädigung trinken. Da genaue Karten fehlen (die Generalstabskarten der Deutschen und der Engländer aus den Jahren 1941–1944 sind nur schwer erhältlich und teilweise in den Ortsbezeichnungen ungenau), ist sogar dem erfahrenen Bergsteiger zu raten, auf solche Touren einen Ortskundigen mitzunehmen. Im weitläufigen, unübersichtlichen Gelände kann man sich nicht gut orientieren, und der vielen sich kreuzenden Ziegenpfade wegen verirrt man sich nur zu leicht. Wer mehrere Tage unterwegs sein will, braucht für Schlafsack, Zeltmaterial und Vorräte ein Tragtier. Die Nächte müssen ja meist im Freien, im besten Fall in einem Schafpferch, verbracht werden, da es bisher erst zwei Schutzhütten in höheren Lagen gibt.
Wer aber einmal auf eine solche Tour gegangen ist, möchte dies immer wieder tun. Denn die westkretische Bergwelt ist etwas Einzigartiges, und hundertfach werden alle Mühen belohnt, nicht nur durch eine großartige Aussicht auf nahe und ferne Berge, auf Küsten, Inseln und die beiden Meere. Das stärkste Erlebnis ist die ganz ungewohnte, große Landschaft, nicht enden wollendes Geröll, in dem man verdursten könnte, und die große Einsamkeit, in der einzig die dunklen, ruhig kreisenden Raubvögel zu leben scheinen.

Mit den letzten Bildseiten kehren wir zu den Menschen zurück. Wir haben sie auf unserem Abstieg getroffen. Es waren Hirten.
Wer auf Kreta wandert, begegnet ihnen vielerorts. Mit großen Herden ziehen sie im Frühling von den Weideplätzen am Meer in die Hügel und Berge, wo sie den Sommer verbringen. Sie leben in Hütten aus Stein, meist mehrere Hirten beieinander. Bis zum Frühsommer werden die Tiere zum allabendlichen Melken in den Pferch getrieben, und was nicht als Frischmilch ins Tal befördert wird, kann bald zu Käse verarbeitet werden.
In einer der Steinhütten befindet sich der Käsekeller, der ganze Stolz der Hirten. Rund herum stehen auf Regalen die kleinen ‹Kopfkäse› und die runden Laiber der Graviéra. In flachen Körben trocknet der Anthótiro. Man wird an den neunten Gesang der Odyssee erinnert, wo in der Höhle des Kyklopen «alle Körbe strotzten von Käse» und es von Polyphem heißt, «er ließ von der weißen Milch die Hälfte gerinnen und setzte sie zum Trocknen hinweg in dichtgeflochtenen Körben».
Freundlich wird der Fremde hier oben begrüßt, bedeutet er doch eine willkommene Abwechslung im Einerlei der Wochen und Monate. Der frisch gekochte Weichkäse, die Mizíthra, die dem Gast mit Salz und Brot vorgesetzt wird, mundet köstlich. Als Gegengabe wird eine Zigarette gerne angenommen. Wer über Nacht auf der Alp bleibt, wird in noch größerem Maße die kretische Gastfreundschaft erleben. Ganz selbstverständlich ist er eingeladen, an der einfachen, aber kräftigen Mahlzeit teilzunehmen. Wein und Schnaps sind in einer Hirtenhütte immer vorhanden, und sogar ein Täßchen Kaffee wird nach dem Essen zubereitet. Am offenen Feuer erklären uns die Männer dann, wie der knorrige, weißgeschälte Hirtenstock seinen gebogenen Griff erhielt, wo die wundertätige Díktamonpflanze wächst und daß die kretische Wildziege, das agrími, nur dann aufzuspüren ist, wenn man sich noch bei Nacht auf den Weg macht, um die Tiere im Morgengrauen beim Trinken an der Quelle zu überraschen.

Der Inselkreis Iráklion

Zu den folgenden 18 Abbildungen

1 *Windrad bei Mália*
Eines der vielen malerischen Räder, die einst die Ebene von Mália bewässerten. Obgleich der Wind der gleiche geblieben ist, werden die weißen Segel leider immer seltener entfaltet, da moderne, motorgetriebene Pumpen in derselben Zeit fünfmal soviel Wasser in die Höhe befördern.

2 *Hafenkastell von Iráklion*
Iráklion besitzt eine noch 15 Kilometer lange venezianische Befestigungsanlage aus dem 16. Jahrhundert, die um die damalige Hauptstadt der Insel, Cándia, angelegt worden war. An ihrem westlichen Ende liegt das Hafenkastell am alten Fischerhafen, dessen der Stadt zugewendete Seite das Wappen Venedigs, den Markuslöwen, trägt. Das Innere des wirkungsvollen Baus, das zu besichtigen ist, birgt 26 Räume.

3 *Der Morosini-Brunnen*
Allegorische Gestalten wie Nymphen, Tritonen, Delphine und mythische Meerungeheur schmücken die acht bassinartigen Ausbuchtungen des reizenden venezianischen Brunnens aus dem Jahre 1628, dessen vier Löwen aus dem 14. Jahrhundert stammen. Ursprünglich war er von einer Neptunstatue bekrönt. Der nach dem Statthalter Morosini benannte Brunnen ist besonders am Abend ein beliebter Treffpunkt von Einheimischen und Fremden. Im Sommer spenden seine vielen Wasserstrahlen angenehme Kühlung. Um den Platz reihen sich Andenken- und Buchläden, Restaurants und jene kleinen Cafés, in denen eine Spezialität der Stadt, die bougátsa, serviert wird. Je nach Geschmack bestellt man sie herb – me tirí, mit Käse – oder süß – me kréma, mit Zucker und Zimt bestreut.

4 *Im Stadtzentrum von Iráklion*
Das Bild des Polizisten gehört heute der Vergangenheit an, da der Verkehr neuerdings mit einer Lichtsignalanlage geregelt wird. – Im Hintergrund beginnt die farbenfrohe Marktstraße, an der alles, was gerade auf Feldern gereift ist oder blüht, zum Verkauf angeboten wird.

5 *Grab von Níkos Kazantzákis*
Griechenlands größter Dichter der Neuzeit, Níkos Kazantzákis, stammt aus Iráklion. Zu seiner Erinnerung wurde im Historischen Museum der Stadt ein Raum eingerichtet, in dem neben persönlichen Gegenständen Teile seiner Bibliothek, Erstausgaben seiner Werke und Exemplare ihrer Übersetzungen in viele Sprachen der Welt zu besichtigen sind. Einige seiner Romane sind Schilderungen der großen Epoche der Befreiung Kretas von den Türken. Was er von seiner geliebten Insel schreibt, ist das Wahrste, Gültigste, das je über sie, über ihr Gesicht und ihre Menschen, gesagt wurde. Auf seinen Wunsch begrub man ihn auf Kreta, und seine Heimatstadt gab ihm ihren schönsten Platz, die Martinengobastion auf dem venezianischen Festungswall. Der von ihm selbst verfaßte Grabspruch wurde in der Handschrift des Dichters in die Rückseite des Blockes gemeißelt. Ein schlichtes Kreuz aus Rundholz erhebt sich beim Grab, das aus vier grobbehauenen Bruchsteinblöcken besteht.

6 *Grabinschrift*
«Ich erhoffe nichts, ich fürchte nichts, ich bin frei.» «Dhen elpíso típota, dhen fovoúme típota, íme léfteros.»

7 *Blick von Kazantzákis' Grab auf der Martinengobastion nach Süden*
Vom Rande der Bastion zeigt sich der Berg Joúchtas in seiner klassischen Ansicht. Seine Silhouette, die ein riesenhaftes Menschenantlitz nachzeichnet, wird als der schlafende Zeus gedeutet. Der Name des Berges – er kommt vom minoischen Iyttós – weist in die Frühzeit der Insel. Die Minoer von Knossós hatten auf einem seiner Gipfel eine zum Palast gehörige Kultstätte gebaut.

8 *Eine Rosakl-Traube*
Zentralkreta ist seiner Tafeltrauben wegen berühmt, die in hohen Lauben im September und Oktober zur Reife kommen. – Von alters her haben Kretas mildes Klima und sein für den Rebbau geeigneter Boden vortreffliche Trauben und Weine gedeihen lassen. Dionysos mit der Weinrebe ist Motiv früher kretischer Münzprägungen, und klassische Dichter und Schriftsteller haben die Qualität kretischer Weine gerühmt. – Neben Rosinen und Sultaninen sind die Tafeltrauben ein wichtiges Exportprodukt. In Dörfern des Bezirkes Teménous rund um den Joúchtas trifft man auf Lagerhäuser und große Gebäude, in denen viele fleißige Frauen die frisch gepflückten Trauben nach Qualität sortieren und verpacken. Während der Sommermonate füllt sich allabendlich der Laderaum der großen Fährschiffe mit Last- und Kühlwagen, die die kostbare Fracht nach Athen und bis in die skandinavischen Länder bringen.

9 *Ájios Míron*
Hinter dem weiß aufleuchtenden Hügeldorf im Süden von Iráklion erscheinen die Ausläufer der Ida-Kette.

10 *Am Weg in die Messará-Ebene*
Schon im Frühsommer, nachdem hier in der Mitte der Insel das Getreide geerntet worden ist, treten die Olivenbäume auf dem beinahe grellen, lehmfarbenen Untergrund plastisch hervor.

11 *Treppen im Palast von Phaistós*
Über einen flachen Hügel am Westende der Messará breitet sich die Palastanlage von Phaistós aus, die von allen minoischen Palästen die schönsten Treppen besitzt. Über zwölf je 14 Meter breite Stufen, die gegen die Mitte leicht konvex gewölbt sind, wurde der Besucher zu den Propyläen des Neuen Palastes geleitet. Im rechten Winkel zur majestätischen Freitreppe steigt eine schmälere Treppe zum Nordhof empor. Hinter ihrer letzten Stufe wird die Gipfelgruppe der höchsten Erhebung der Insel, des Psilorítis, sichtbar. Der Schnee, der im Mai noch die obersten Kuppen bedeckt, verschwindet während der Hochsommermonate ganz.

12 *Ájios Pávlos bei Phaistós*
Am Wege nach Mátala, unmittelbar nach dem Dörflein Ájios Ioánnis, liegt eine kleine byzantinische Bruchsteinkirche aus dem frühen 14. Jahrhundert. In ihrem Tambour sind Reste schöner Fresken erhalten. Gräber und einfache Holzkisten an der Wand der Eingangshalle erinnern an Gefallene in der ‹Schlacht um Kreta› im Jahre 1941. Dem Temenos des antiken Tempels gleich ist der von Mauern umgebene Friedhof und sein Gotteshaus ein Bezirk des Friedens und der Stille.

13 *Oliven in der Messará*
Wie alle Länder um das Mittelmeer, so besitzt auch Kreta Abertausende dieser herrlichen Bäume, deren Stämme wunderlich geformt sind und auf deren Blättern das Licht vom stumpfen Blaugrau bis zum glitzernden Silber spielt. Sie wachsen an sanft abfallenden Berghängen, füllen weite Ebenen, und seit der griechischen Klassik gehören sie zu den wenigen Bäumen, die, gleich dem Lorbeer, heilig gesprochen worden sind. – In der Messará, Kretas größter Ebene, stehen die dunklen Olivenstämme schon im frühen April auf einem Teppich leuchtend gelber Chrysanthemen.

14 *Bauer beim Pflügen*
Immer noch sind die meisten Bewohner Kretas Bauern. Sie bearbeiten den Boden, säen und ernten die vielerlei Früchte in der Art ihrer Väter, meist mühselig mit den Händen und mit Hilfe ihrer getreuen Vierbeiner, Ochs und Esel. – Das schwarze Kopftuch – to saríki – und die Schürze – i podhiá – sind Bestandteile der männlichen Tracht auf Kreta, die allerdings nur noch von der älteren Generation oder zu besonderen festlichen Anlässen getragen wird.

15 *Heimkehr vom Feld*
Die Gärten, Äcker und fruchttragenden Bäume der Bauern liegen oft sehr weit vom Dorf entfernt. Deshalb gehören sie so sehr zum Bilde Kretas, die einhertrottenden, oft schwer beladenen Esel, die Grüppchen von Kuh, Esel und Ziege, die frühmorgens das Dorf verlassen und oft erst mit der untergehenden Sonne wieder heimkehren. Freundlich grüßt die alte Frau den Fremden mit dem schönen griechischen Gruß: Chārete, freut euch!

16 *Der Kófinas*
Zwischen Messará-Ebene und das Libysche Meer legt sich die weichgeformte Kette der Asteroússia-Hügel. Als einziger Gipfel steigt an ihrem Ostende der Kófinas zu 1230 Metern empor. Er läßt sich am leichtesten vom Dorf Kapetanianá besteigen. Nach mehrstündigem Anmarsch erreicht man den Sattel im Norden der so charakteristischen Bergkuppe, an dessen Rand eine kleine minoische Ausgrabung liegt, und erklimmt zum Schluß das breite Gipfelplateau. Wie auf vielen markanten Erhebungen Kretas und ganz Griechenlands steht auch hier eine Profítis-Ilías-Kapelle zur Erinnerung an jenen Heiligen, der mit dem Feuerwagen in den Himmel entrückt wurde. Das kleine Gotteshaus ist leider in einem sehr baufälligen Zustand.

17 *Blick vom Gipfel des Kófinas nach Westen*
Von der aus hellgrauen Felsen bestehenden Gipfelkuppe des Kófinas erkennt man im letzten Vorsprung der stark gegliederten Küste des Libyschen Meeres den ‹Löwenfelsen› bei Léndas, dem antiken Levín.

18 *Kloster Apessanón*
Die in Hochtälern und auf Felsterrassen versteckt liegenden Klöster der Asteroússiaberge besitzen kostbare Fresken und Ikonen. Mühsam aber sehr lohnend ist die mehrtägige Wanderung, die beim Kloster Odhijitrías im Westen beginnt und über Apessanón, Léndas und Ájios Ioánnis zum Kloster Koudhoumá an der Südküste führt.

1

3

4

5

6

7

14

Zu den folgenden 14 Abbildungen

19 Fast überall auf der Insel, selbst auf ihren asphaltierten Hauptstraßen, begegnet man großen Schaf- und Ziegenherden, die, von Hunden bewacht, viel leichter zu lenken sind als eine Kuhherde bei uns. Im bunten kretischen Rucksack, der voúria, trägt der Hirt seinen Tagesproviant bei sich, und der hohe knorrige Stock, der auf kretisch i katsoúna heißt, ist in den Bergen besonders nützlich, wenn es gilt, rasch und mit großen Sprüngen ein zurückgebliebenes Tier zur Herde zu bringen.

20 *Die Lassíthi-Hochebene im Sommer*
Von den kahlen Berghängen des Karfí, der Seléna und der Dhíkti umschlossen, liegt die Ebene auf etwa 850 Meter Höhe. Sie besteht aus fruchtbarem Schwemmland, auf dem hauptsächlich Kartoffeln, Getreide und Äpfel gedeihen. Für die Bewässerung der Felder sorgen Tausende von segelbespannten Windrädern, die das Grundwasser in die Höhe pumpen. Wenn sie sich im Sommerwind drehen, glaubt man vom Paßübergang aus auf eine riesige Wiese mit Margeriten hinabzuschauen. Der Kessel selbst ist dem Anbau vorbehalten, während an Hängen und auf Hügeln sich die Dörfer rund um die Ebene reihen.

21 *Dreschgespann auf dem Lassíthi*
Auf kreisrunden Tennen ziehen zur Erntezeit Paare von Ochsen oder Eseln den Dreschschlitten über die ausgebreiteten Garben. Diese noch altertümliche, mühselige Art des Erntens wird nach und nach durch das Einsetzen moderner Maschinen ersetzt. Und doch wird vielerorts das Getreide noch mit der Sichel geschnitten und mit Tieren ausgedroschen. Der vorn leicht aufgebogene Dreschschlitten zeigt auf seiner Unterseite Reihen sägeartiger Messer, die das Zerkleinern der Halme beschleunigen sollen. Auf vielen Schlitten ist ein Stuhl befestigt. Auf unserem Bild besorgt die Frau die eintönige Arbeit, indem sie stehend die Tiere im Kreise herumführt. Nur sehr langsam wächst der Haufen in der Mitte der Tenne, in dem Spreu und Körner noch vermischt sind.

22 *Worfelnder Bauer*
Mit einer hölzernen Gabel, die auf Kreta vier Zinken hat, wirft der Mann das ausgedroschene Getreide gegen den Wind hoch. In glitzernden Schleiern fliegt die Spreu fort, während die schweren Körner zu Boden fallen.

23 *Die Panajía-Kerá-Kirche*
Die schneeweiß getünchte Kirche der Muttergottes, der Herrin, aus dem 14. Jahrhundert ist von dunklen Zypressen umgeben und liegt in einem Olivenhain unterhalb des Dorfes Kritsá. Der harmonische Bau besteht aus drei Schiffen, die gegen Osten durch Apsiden abgeschlossen sind. Zarte Ornamentik umspielt ihre schmalen Fenster. Über dem Zentrum des Mittelschiffs erhebt sich ein Kuppeltambour. Mächtige Strebepfeiler, die später hinzugefügt wurden, lassen den Bau als mit der Erde verankert erscheinen. Im Innern ist die Kirche ganz ausgemalt, und ihre Fresken aus dem 14. und 15. Jahrhundert gehören zu den wertvollsten und besterhaltenen der großen byzantinischen Epoche der Insel.

24 *Fresko aus der Panajía-Kerá-Kirche*
Das Detail aus dem Schiff des Heiligen Antonius (15. Jahrhundert) zeigt zwei der vier Paradiesströme, die den von Mauern des Himmlischen Jerusalem umschlossenen Garten Eden bewässern. Besonders hübsch ist die Zeichnung der beiden so verschiedenen Vögel, des dick aufgeplusterten Uhus und des feingliedrigen Vogels mit dem schlanken Gefieder.

25 *Am Namenstag der Heiligen Paraskeví*
Bei einem Ajía-Paraskeví-Kirchlein wird am 26. Juli der Namenstag der Märtyrerin mit einem großen Dorffest gefeiert. Gleich wie die Festtage des orthodoxen Kirchenjahres sind die Namenstage der Heiligen die großen Anlässe im Leben der Bevölkerung, insbesondere auf dem Lande. Jeweils am Vorabend versammelt man sich beim Gottesdienst und besucht auch am Festtagsmorgen die feierliche Liturgie. Dann aber beginnt das frohe Feiern beim Kirchlein oder auf dem Dorfplatz. Für die Einheimischen ist es eine besondere Freude, wenn ein Fremder dann vorbeikommt. Mit großer Herzlichkeit wird er zur festlichen Tafel eingeladen, und er erlebt auf schönste Weise die fast grenzenlose griechische Gastfreundschaft.

26 *Lyraspieler*
An solch einem Dorffest ist der Lyráris die wichtigste Person. Mit dem auf das Knie gestellten dreisaitigen Instrument, der kretischen Lyra, spielt er Melodien, die für europäische Ohren bald monoton klingen, und er begleitet die beim Tafeln improvisierten Trinksprüche, die Mandinádes, in denen das Fest besungen oder der Nachbar geneckt oder einfach die geliebte Heimat, die große Insel, gepriesen wird. – Das Mikrophon hat auch im Bergdorf seinen Einzug gehalten!

27 *Insel Psíra*
Zur minoischen Zeit war Psíra ein wichtiger Handelsstützpunkt. Ihre Hafenanlagen sind ausgegraben worden. Es müssen reiche Kaufleute auf Psíra gelebt haben, die nicht nur mit dem minoischen Kreta und der Ägäis, sondern auch mit Ägypten, Syrien und Palästina verkehrten. Einige der Häu-

ser waren mit Fresken und Reliefs geschmückt. – Heute liegt die Insel, einem aus dem Wasser aufgetauchten Reptil ähnlich, schattenlos und ohne Trinkwasser im tiefblauen Mirabellogolf.

28 *Klosterhof von Toploú*
Hinter den schönen Bogen des ersten Stockwerks liegen Wirtschaftsräume und Refektorium, während die Zimmer der Klosterinsassen und der Gäste auf den offenen Terrassengang des zweiten Stockes münden. Da meist ein heftiger Nordwestwind über die Halbinsel bläst, empfindet der in den Hof Eintretende die Geborgenheit des allseitig geschlossenen Raumes besonders stark.

29 *Kloster Toploú*
Das auf der einsamen Hochfläche des Nordostzipfels der Insel gelegene Kloster, dessen Kirche der Panajía Akrotirianí, der Madonna vom Kap, geweiht ist, gleicht einem Festungsbau. Es hat im 18. und 19. Jahrhundert manchem Angriff der Türken bewaffneten Widerstand geleistet. Aus jener Zeit mag wohl auch sein Name stammen, denn ‹top› heißt auf türkisch ‹Kanone›. Im Inneren der Kirche sind schöne Ikonen erhalten, insbesondere jenes um 1700 gemalte, dem Ioánnis Kornáros zugeschriebene Meisterwerk kretischer Miniaturkunst, auf welchem in vielen Einzelszenen Ereignisse der Heilsgeschichte des Alten und des Neuen Testaments dargestellt sind. Einst zählte Toploú zu den reichen und großen Klöstern. Heute leben hier mit dem jungen Abt nur noch ein paar greise Mönche.

30 *Palme bei Váï*
Hinter einem langgezogenen feinkörnigen Strand der Ostküste steht ein dichter Palmenwald, der einzige auf Kreta. Es ist überliefert, daß sarazenische Piraten im Jahre 824 hier ein Lager aufgeschlagen und die Kerne mitgebrachter Datteln liegen gelassen haben. Die prachtvollen exotischen Bäume finden sich an anderen Stellen der Insel nur in vereinzelten Exemplaren. Einzig in der Nähe des Klosters Préveli an der Mündung des Megalopótamos ins Libysche Meer hat sich ein kleinerer Wald erhalten.

31 *Klissídhi, an der Straße Paläkastro – Zákros*
Scharf heben sich die frischgekalkten kubischen Häuser der ostkretischen Dörfer vom kahlen Untergrund ab. Dank der Entdeckung und Ausgrabung des vierten minoischen Palastes bei Káto Zákros zu Beginn der sechziger Jahre ist diese bis dahin isolierte Gegend der Insel leichter zugänglich. Ihre Berge und Schluchten sind von herber, wilder Schönheit. Vielerlei Orchideen blühen im frühen Frühling zwischen dem karstigen Gestein, und später im Jahr strömt von den blauvioletten Kissen des Thymians betäubender Duft aus.

32 *Das ‹Tal der Toten›*
Ein tiefes Schluchttal senkt sich von Zákros zur Ostküste hinab. Man gab ihm den Namen ‹Tal der Toten›, weil in zahlreichen Höhlen seiner Wände Gräber mit reichen Beigaben gefunden worden sind. Die ältesten gehen ins dritte vorchristliche Jahrtausend zurück. Vielleicht haben auch die Bewohner des minoischen Palastes in der Bucht von Káto Zákros, bei welcher die Schlucht endet, hier ihre Toten bestattet. – Wer die Ausgrabungen des neuentdeckten minoischen Palastes bei Káto Zákros im Mai besucht, sollte nicht versäumen, beim deutlich sichtbaren Geländeeinschnitt, kurz unterhalb des Dorfes Áno Zákros, auf die Schluchtsohle hinunter zu steigen und durch das ‹Totental› zur Bucht an der Ostküste zu wandern. Im ausgetrockneten Bachbett stehen dann die übermannshohen Oleanderbüsche in voller Blüte.

33 *Venezianische Festung von Ierápetra*
Die einzige größere Stadt der Südküste ist Ierápetra, das antike Hierápytna. Während der römischen Herrschaft erlebte die Stadt ihre Blütezeit. Außer zwei Theaterbauten besaß sie damals sogar ein Amphitheater. Heute lebt Ierápetra vom Handel, insbesondere mit Gurken und Tomaten, die in gepflegten Plantagen auf der weiten Küstenebene gepflanzt und dank des milden Klimas der Südküste zweimal im Jahr reif werden. Touristen besichtigen gern die venezianische Festung am Meer und den guterhaltenen türkischen Brunnen beim Minarett. Immer häufiger trifft man auch Ausländer, die Ierápetra als Ferienort wählen. Neben den leicht erreichbaren Stränden östlich der Stadt locken Wanderungen zu den Hangdörfern der Dhíktiberge oder die Besteigung des im Nordosten aufragenden Aféndis Kavoússi. Zum Unvergeßlichen aber gehört eine Bootsfahrt zur Eselsinsel, Gaidhouronissi, deren flache Küstenlinie sich an klaren Tagen weit draußen im Meer zeigt.

21

Zu den folgenden 14 Abbildungen

34 *Blühende Agave*
Auf griechisch heißt sie «athánatos», unsterblich, und doch muß gerade diese Pflanze, wenn sie einmal geblüht hat, ganz zugrundegehen.

35 *Türkische Moschee in der venezianischen Fortezza von Réthimnon*
Die weiträumige Festung, die eine nach Norden vorspringende felsige Landzunge einnimmt, liegt beherrschend über dem Meer und der Stadt. Teile der äußeren Wehrgänge mit ihren malerischen Türmchen, unterirdische Magazine, Säle mit Pfeilern und Bögen sowie eine imposante Zisterne sind restauriert worden. Im Zentrum steht neben einer einsamen Palme der imposante, äußerlich noch intakte Kuppelbau der türkischen Moschee. Man wähnt sich in Nordafrika und nicht auf einer Mittelmeerinsel!

36 *Denkmal des Kostís Giamboudákis am Hauptplatz von Réthimnon*
Es erinnert an den heldenhaften Widerstand des Klosters Arkádhi gegen die Türken, dessen Abt Gavríl, statt sich zur Übergabe zu entschließen, dem Giamboudákis befahl, das Pulvermagazin des Klosters anzuzünden. Mit diesen Männern verloren etwa 1000 kretische Frauen, Kinder und Mönche damals, am 9. November 1866, ihr Leben. – Giamboudákis ist in der historischen kretischen Männertracht dargestellt. Über den ‹vrákes› genannten bauschigen Pluderhosen trägt er die gestickte, mit Tressen besetzte Jacke. In der um den Leib geschlungenen Schärpe steckt neben Pistolen ein kretisches Messer mit Silbergriff. Kniehohe schwarze Stiefel und das schwarze Kopftuch mit Fransen vervollständigen die Tracht. – Hinter dem Denkmal eines der guterhaltenen Minarette der Stadt.

37 *Autobus-Haltestelle*
Das einzige öffentliche Verkehrsmittel auf der Insel ist der Autobus. Die meisten Dörfer sind durch Linien mit der jeweiligen Kreishauptstadt verbunden. – Geduldiges Wartenkönnen ist eine der großen Tugenden der Griechen.

38 *Kafeníon*
Das Kafeníon ist das Zentrum des Dorfes. Stets sind hier die neuesten Nachrichten zu erfahren, und wer Zeit hat, findet sicherlich einen Partner für ein Kartenspiel oder eine Partie Távli, das beliebte Brettspiel der Griechen. – Schon frühmorgens treffen sich die Männer beim winzigen Täßchen Kaffee zu einer geschäftlichen Besprechung, an der auch der pappás, der Pfarrer, teilnimmt.

39 *Kloster Préveli*
Dreihundert Meter über dem Libyschen Meer liegt die Klosterkirche des Heiligen Johannes, des Theologen, auf einer Geländeterrasse. Niedrige mit Reben bewachsene Nebengebäude gruppieren sich um den zweischiffigen Kirchenbau. Es sind die Behausungen der Klosterbrüder, deren jede ihr eigenes Kamintürmchen hat. Durch ein hohes Gittertor tritt der Besucher in diesen Bezirk mönchischer Stille und Sammlung. Stufen führen zum edel gestalteten Klosterbrunnen. Aus seinen zwei Röhren rinnt kaltes Quellwasser, das man mit der hohlen Hand oder mit der großen metallenen Kelle, die an der Brunnenwand hängt, schöpfen kann. Große Ruhe liegt über dem Platz vor dem Refektorium und dem als Museum eingerichteten Gebäude. Eine weitausladende dunkle Pinie beschattet ihn, und über seine Mauereinfassung hinweg hat man den schönsten Blick in die Weite des Südmeeres. – Auch Kloster Prévelis Geschichte ist zum Teil Kriegsgeschichte. Es hat die Härten der Besetzung im Zweiten Weltkrieg besonders zu spüren bekommen. Bevor es von den Deutschen entdeckt wurde, hatte es als eine Art ‹Warteraum› für die befreundeten Truppen gedient, die man von hier aus nach Ägypten evakuierte. Das hat Préveli büßen müssen. Selbst das hochverehrte Kreuz, des Klosters größter Schatz, das Wunder bei Augenleiden vollbringt, wurde ihm weggenommen. Als es jedoch von der Insel weggeführt werden sollte, hinderte seine göttliche Kraft das deutsche Flugzeug am Start; und der zu Rate gezogene Bischof von Westkreta hieß die Besatzungsmacht, das Kreuz an Préveli zurückzugeben.

40 *Klosterbruder im Ruhestand*

41 *Anójia*
Das über zwei Hügel sich ausbreitende Bergdorf an den Nordausläufern des Idagebirges ist zu einem beliebten Ausflugsziel geworden, da es nur anderthalb Stunden von Iráklion entfernt ist. Die im Dorf hergestellten Textilien, die bunten Teppiche und Hirtentaschen, sind von den Fremden sehr begehrt. – Anójia ist auch einer der Ausgangspunkte zur Besteigung des Psiloritis über die Nídha-Hochebene, die man dank einer Naturstraße relativ leicht erreicht. Von ganz besonderer Schönheit ist dieser Anstieg von Terrasse zu Terrasse. Auf grünen Weideplätzen liegen die steinernen Rundhütten der Hirten, die mit ihren großen Schaf- und Ziegenherden während des langen kretischen Sommers hier leben.

42 *Die Idäische Zeushöhle*
Am Westrand der auf 1400 Metern gelegenen Nídha-Hochebene befindet sich die Idäon Ándron genannte Idäische Zeushöhle, die bei vorklassischen und klassischen Schriftstellern eine überragende Rolle als Geburts-

und Zufluchtsstätte des Zeus gespielt hat. Auf dem Vorplatz, an dessen linker Seite ein Brandopferaltar lag – seine zubehauenen Blöcke sind noch heute sichtbar –, stieß man in ziemlicher Tiefe auf ein Depot von Bronzegegenständen. Schilde und Lanzen aus dem 7. Jahrhundert v. Chr. beweisen, daß Zeus hier verehrt wurde. Mit diesen Waffen führten die Gläubigen kriegerische Tänze auf, in Erinnerung an die Tänze der Kureten, die, auf Rheas Geheiß, dann Lärm zu schlagen hatten, wenn das Zeuskind schrie, damit Vater Kronos nicht auf das Versteck seines Sohnes aufmerksam werde. – In der senkrecht aufsteigenden Felswand wölbt sich der gewaltige Höhleneingang wie das Portal zu einem Tunnel. Vierzig Meter tief führt die Höhle in den Berg hinein. In den Wänden haben Bergdohlen ihre Schlupflöcher; die kleinen Zickzackwege, die in die Tiefe führen, sind von grauschwarzen Federn übersät. Noch im Frühling liegt im Höhlentor eine hohe Schneebarrikade.

43 *Psiloritis-Gipfelkapelle von Nordwesten*
Auf dem höchsten Punkt der Insel, dem 2456 Meter hohen Psiloritis, stehen zwei aneinandergebaute Hütten mit kuppelförmig gewölbten Dächern: die Gipfelkapelle Tímios Stavrós (‹Verehrtes Kreuz›) und ein Schutzraum. Am linken Bildrand die Zisterne, in der sich aber nur unsauberes Schmelzwasser befindet. Von den Dörfern des Ida-Südhanges führen steile Aufstiegspfade zum Gipfel. Wer sich ihm von Osten nähert, etwa von der Messará oder von der Nídha-Ebene, durchwandert während Stunden welliges Vorgelände, bis sich endlich die Kuppe zeigt, auf der sich das Dach der Kapelle abzeichnet. – Der 14. September ist nach dem orthodoxen Kalender der Tag der Aufrichtung des Heiligen Kreuzes. Dann feiert das Kirchlein auf dem Psiloritis sein Fest, zu dem einst viele Gläubige, zu Fuß oder auf Eseln, am Vorabend aufstiegen. – Rasch kann sich der Psiloritis mit Wolken einhüllen. Ist er aber frei, umfaßt der Blick die Insel fast ganz.

44 *Die höchsten Gipfel der Ida-Kette von Südwesten*
Die Paßstraße Spíli-Mélambes-Timbáki führt am Fuße des steilen, zerklüfteten Kédhros entlang. Hinter der sich langsam senkenden Ostflanke wird das breite Massiv der Idaberge sichtbar. In der Zone der höchsten Erhebungen – die zweite Rundkuppe von links ist der Psiloritis – liegt noch Schnee.

45 *Töpferei in Margarites*
Etwa eine Autostunde von Réthimnon liegt im hügeligen Gelände des unteren Milopótamos das Dorf Margarítes. An seinem äußeren Rand, rechts und links einer nach Süden ansteigenden Hügelrippe, reihen sich die Hütten der Töpfer. Die Tonerde wird in den nahen Bergen abgebaut. Hoch beladene Esel schleppen die schweren Säcke und bringen große Büschel trockenen Gestrüpps zum Brennofen. Auf dem Platz vor der Werkstatt wird die Erde bearbeitet und hernach die Gefäße auf der Töpferscheibe geformt. Nachdem die Vorratsgefäße, die Schüsseln und Krüge an der Sonne vorgetrocknet worden sind, brennt man sie im selbstgebauten Ofen. Immer noch sind diese Gefäße auf dem Lande in Gebrauch, denn wie zur Zeit der Minoer bewahrt der Bauer in ihnen Öl, Getreide und Wein auf und weiß, daß das Wasser sich in den porösen Tonkrügen am längsten frisch erhält. – Der Mehrzahl der auf Kreta hergestellten Vorratsgefäße – die heute pithária heißen – liegt die minoische Pithosform zugrunde. Zudem ist vor wenigen Jahren zwei deutschen Wissenschaftern der Nachweis gelungen, daß sowohl der Herstellungsgang als auch die Zusammensetzung der Tonerde sich über beinahe 4000 Jahre hinweg erhalten hat, daß also der Töpfer des 20. nachchristlichen Jahrhunderts in der gleichen Art arbeitet wie die minoischen Palasttöpfer, die für die ausgedehnten Magazine Dutzende solcher Pithoi herstellten. – Im Hof einer Töpferei stehen die großen Vorratsgefäße zum Trocknen an der Sonne.

46 *Minoische Pithoi im Palastbezirk von Knossós*
Im Vordergrund eine originale Säulenbasis.

47 *Töpfer Manolis von Margarites*
Behutsam und voller Sicherheit formen die Hände des Töpfers das Gefäß.

48 *Kirche des Ájios Evtíchios*
Der architektonisch bedeutende Bau besitzt Fresken aus dem frühen 13. Jahrhundert. Leider haben sie durch Feuchtigkeit sehr gelitten. Der Fußweg führt vom Hangdorf Chromonastíri zum Abhang eines tief eingeschnittenen Tales. Dort liegt die Kirche bei einer Quelle mitten in wucherndem Gestrüpp.

ΚΩΣΤΗΣ ΓΙΑΜΠΟΥΔΑΚΗΣ

ΚΑΦΕΝΕΙΟΝ
Α.ΤΑΛΑΚΗ

ΒΗΜΑ
ΚΟΜΜΑΤΑ
ΟΡΓΙΛΟΣ ΤΕΝΟΡΟΣ

41

45

46

Der Inselkreis Chaniá

Zu den folgenden 22 Abbildungen

49 *Alter Hafen in Chaniá*
Chaniá, einst Regierungshauptstadt Kretas, ist eine bezaubernde kleine Stadt. Sie besitzt den schönsten Hafen in ganz Kreta. Eine lange Mole, an deren Ende ein Leuchtturm steht, begrenzt ihn gegen das Meer. Landwärts umschließen ihn auf drei Seiten schmale, ungleich hohe Häuser, deren Dächer eine phantasievolle Linie in den Himmel zeichnen. Zwischen Häusern und Wasser liegt ein breiter Quai, auf dem sich gut spazieren läßt. Scheint die Sonne, so legen die Fischer ihre Netze auf die Uferstraße und hängen die frischgefangenen bizarren Tintenfische auf Holzstangen zum Trocknen auf. Nach Sonnenuntergang, wenn die Lichter der Tavernen sich tanzend auf dem Wasser spiegeln, erwacht der Hafen zu nächtlichem Leben. Tische und Stühle werden auf die Straße und bis an den Rand des Wassers gestellt, und man ißt im Freien und erholt sich im Kreise der Freunde und der Familie von der Hitze des Tages.

50 *Am Handelshafen von Chaniá*

51 Jeden Morgen werden die Fische frisch in die große Markthalle geliefert. Ein gegrillter oder mit allerlei Kräutlein gewürzter Fisch aus der Pfanne, abends am Hafen serviert, ist ein besonderer Leckerbissen.

52 In der griechischen Familie nimmt die Großmutter, die jajá, zeit ihres Lebens den Ehrenplatz ein. Hier strickt sie eine fanélla, das von den Männern sommers und winters getragene wollene Leibchen. Man beachte die komplizierte Befestigung des laufenden Fadens an der Achsel!

53 Die Buben drängen sich um den Photographen, denn jeder möchte mit auf dem Bild sein.

54 *Am oberen Zugang zur Samariá-Schlucht*
Der längste Schluchtbereich Europas, die 18 Kilometer lange Samariá, führt vom 1100 Meter hohen Paß Xilóskalo ans Libysche Meer. Gerade dieser Wechsel, das Hinuntersteigen aus einer alpinen Waldlandschaft an einen sonnendurchglühten, südlichen Strand, macht den besonderen Reiz dieser Wanderung aus. – Im Hintergrund links erscheinen die Páchnes, die höchste Erhebung der westkretischen Lefká Ori, der Weißen Berge.

55 *Jäger aus den Weißen Bergen*
Die Begriffe to pallikári und o levéndis, die beide kämpferischer, tapferer junger Mann bedeuten, gehören nicht nur der kretischen Befreiungsgeschichte an. In den Sfakiá, der wildesten Region des Chaniákreises, leben sie heute als Jäger, als Fischer, als Hirten.

56 *Asphodelen beim Ájios-Nikólaos-Kirchlein (Samariá)*

57 *In der Samariá-Schlucht*
Die Durchwanderung der Schlucht, die zu den großen Naturwundern Europas zählt, gehört zu den stärksten Erlebnissen eines Kreta-Aufenthaltes (vgl. Text und Karte S. 14). Im eigentlichen Schluchtbereich, zwischen den Dörfern Samariá und Ajía Rouméli, treten die fast senkrechten Felswände auf wenige Meter zueinander.

58 *Kirche des Ájios Pávlos*
Dort, wo der Golf von Ajía Rouméli im Osten endet, steht Ájios Pávlos, dieses Juwel byzantinischer Baukunst, wenige Meter über dem Strand des Südmeeres auf einem Fels. Seine Freskenreste aus dem 14. Jahrhundert sind sehenswert. Die Legende erzählt, daß der Apostel Paulus an dieser Stelle Sfakioten getauft habe, als er auf seiner Reise als Gefangener nach Rom hier landete.

59 *Südküste bei Chóra Sfakíon*
Am Rande der sonnenbeschienenen Bucht liegt der Hauptort der Sfakiá, Chóra Sfakíon, einst eine Hochburg kretischer Freiheitshelden, heute ein malerisches Fischerdorf, die Endstation einer Buslinie von Chaniá. Es gilt als eine der wärmsten Gegenden der Südküste. Seine weißen kubischen Häuser sind weit über die braunen baumlosen Hänge verstreut (s. Titelbild). Charakteristisch für die Architektur westkretischer Bauernhäuser ist der breite Eingangsbogen an der Frontseite, die sogenannte Kamára.

60 *Kloster Chrissoskalitissas*
Das Frauenkloster ‹von der goldenen Leiter› ist ein Wallfahrtsort an der einsamen, unbewohnten Westküste Kretas. Inmitten großer Ländereien ist es auf einem hohen Fels über dem Meer erbaut. Die wenigen noch hier lebenden Nonnen sehen während des Jahres nur selten Fremde. Einzig am Himmelfahrtstag der Maria, am 15. August, reicht der Platz um das Kloster kaum aus, um die Scharen von Pilgern, Männer, Frauen und Kinder, vom Vorabend des Festes an aufzunehmen.

61 *Bucht bei Tigáni (Westküste)*
Kretas Westküste ist von besonderem Charakter. Zwischen jäh abfallenden Uferpartien aus Fels liegen kilometerlange Sandstrände. An einigen Stellen schimmert der Sand korallenrot, wie hier in der Bucht von Tigáni, wo die Farbe des Meeres den äußersten Grad von Türkis und Hellblau erreicht. – Im Hintergrund die Insel Gramvoússa, auf deren flachem Plateau die Venezianer eine große Festungsanlage bauten, die, zusammen mit Spinalónga im

Osten, den Türken am längsten widerstand.

62 *Taufe Christi im Jordan aus der Michaíl-Archángelos-Kirche bei Sklavopoúla*
Der mit einem Fell bekleidete Johannes tauft Jesus in einem Fluß, in dem es von Fischen und allerlei Wassergetier wimmelt. Zähnefletschende Ungeheuer fassen die Flußufer ein. Vor ihren weitgeöffneten Rachen versuchen Fische, gegen die Mitte zu fliehen. Am rechten Bildrand drei Engel. Links, vor dem Gewand des Täufers, erscheinen miniaturhaft ein Fischer mit einer Angel und ein stehendes nacktes Menschlein. Ob damit der ‹personifizierte Jordan› gemeint ist, der in byzantinischen Tauffresken meist als alter Mann im Fluß gezeigt wird, ist ungewiß. – Die kleine Wallfahrtskirche, die sich etwa eine Stunde unterhalb des Dorfes Sklavopoúla befindet, liegt inmitten eines Oleanderwaldes bei einer Quelle.

63 ***Johannes Chrysóstomos** aus der Ájios-Jeórjios-Kirche in Sklavopoúla*
Wer von der Moní Chrissoskalítissas nach Paläóchora an die Südküste wandern möchte, kann dies auf einem Pfad tun, der ihn am Bergdorf Sklavopoúla vorbeiführt. Drei seiner byzantinischen Kirchen besitzen wertvolle Fresken. Der früheste mit Namen genannte Maler auf Kreta, Nikólaos Anagnóstis, malte 1290 die Kirche des Ájios Jeórjios aus. – Aus ihrer Apsis stammt das Fresko des Kirchenvaters, dessen edles, von einem großen Heiligenschein eingerahmtes Gesicht die Hand eines großen Meisters verrät.

64 Das Leben der kretischen Frau, die sich in entlegeneren Dörfern schon nach der Hochzeit dunkel kleidet, ist oft hart und voller Entbehrungen.

65 *Auf der Insel Gávdhos*
Etwa 50 Kilometer von Paläóchora entfernt liegen die beiden südlichsten Inseln Griechenlands, Gávdhos und die kleine Gavdhopoúla. Nur Gávdhos ist bewohnt, und es schien uns, nirgends sei die Bürde des Schicksals, auf kargem Boden und von der Mutterinsel abgeschnitten leben zu müssen, stärker zu verspüren als hier. – Hinter den armseligen Steinhütten, an denen man auf dem Weg vom Hafen zur Anhöhe vorbeikommt, erscheinen über dem Meer die fernen Berge Westkretas.
Die insgesamt 150 Inseleinwohner leben in drei Dörfern, Kastrí, Ámbelos und Vatsianá. Am höchsten Punkt, bei 345 Metern, steht ein Leuchtturm. Da der Boden felsdurchsetzt ist, gedeiht das Getreide nur kümmerlich, und selten begegnet man einem Kartoffelacker oder einigen Reben. Prächtig sind die Wälder von Aleppokiefern beim Aufstieg nach Kastrí und die hohen Juniperusbäume in Strandnähe. Für denjenigen, der die Einsamkeit sucht, ist der Besuch von Gávdhos ein großes Erlebnis. In der Antike muß sie dichter besiedelt gewesen sein. Ob sie jedoch die von Odysseus besuchte ‹Insel der Kalypso› gewesen sei, wie es der auch heute noch gebräuchliche zweite Name der Insel besagt, hat noch immer nicht nachgewiesen werden können.

66 *In den Weißen Bergen*
Im Osten des Omalós, der größten Hochebene Westkretas, formen sich die Berge zu gewaltigen graubraunen und schwarzen Kegeln. Blick vom Trocháris (2401 m) nach Norden auf die Gipfel des Ájion Pnévma und des Griás Sorós. Am Fuß des gegenüberliegenden hellgrauen Kegelberges zieht sich die zarte Linie eines Maultierpfades entlang, der, vom Dorf Anópoli im Süden ansteigend, über Amoudzerá nach der Alp Katsivéli ins Herz der Weißen Berge führt.

67 *Beim Abstieg vom Trocháris nach Anópoli*
Steigt man von den Gipfeln der Lefká Óri in Richtung auf das Libysche Meer ab, so erscheint am Osthorizont das breite Massiv des Ida. Der höchste Punkt seiner Mittelgruppe, oberhalb der Schneeflecken, ist der Psiloritis (2456 m). Neben den Ausläufern rechts die abgerundete Felskuppe des Kédhros (1777 m) im Bezirk Amári. Als weißer Strich verläuft die Fahrstraße von der Askífou-Hochebene nach Asféndhou durch die Bildmitte. Der Abstieg vom Trocháris führt über zum Teil steile Geröllhalden und silbrig schimmernden Fels zum Waldgürtel hinunter, der bei etwa 1200 Metern beginnt.

68 *Hirt aus den Weißen Bergen*
Der alte würdige Jannis aus dem Bergdorf Anópoli.

69 Während des Sommers leben die Hirten mit ihren großen Schaf- und Ziegenherden im Gebirge. Unter den buschigen Steineichen haben sie ihre runden Steinhütten und die Pferche gebaut. Dort werden die Tiere gemolken, und im Pferch schert man auch die Schafe, wenn die kühle Frühlingszeit vorüber ist. Eine wichtige Beschäftigung der Hirten ist die Zubereitung des Käses, der sich in den Dörfern und der Hauptstadt des Kreises gut verkauft und mit dessen Erlös die Herde vergrößert werden kann.

70 *Frühling in Anópoli*
Kreta ist nie ohne Blumen. Aber im Frühling sind Wiesen und karstige Hänge von Wildblumen und blühenden Sträuchern und Büschen überschüttet.

Literaturhinweise

Romane und Berichte:
Nikos Kazantzakis:
- Freiheit oder Tod, Berlin 1954
- Alexis Sorbas, Rowohlt Nr. 158, 1955
- Rechenschaft vor El Greco, 2 Bände, Berlin 1964 und 1967

Pandelis Prevelakis:
- Die Sonne des Todes, München 1962
- Chronique d'une Cité, Paris 1960
- Le Crétois, Paris 1962

Die beiden letztgenannten Werke des aus Réthimnon stammenden Dichters sind noch nicht ins Deutsche übersetzt.

Weitere Literatur:
Hanni Guanella: Kreta
Ein Reiseführer mit touristischen und archäologischen Auskünften und neugriechischen Literaturhinweisen, Zürich, 7. Auflage, 1981

Die große archäologische Spezialliteratur gehört nicht in diesen Rahmen. Genaue bibliographische Angaben finden sich im Reiseführer von Hanni Guanella. Jedoch soll auf zwei Bildbände hingewiesen werden, auf das Standardwerk von Sp. Marinatos und F. Hirmer, Kreta, Thera und das Mykenische Hellas, München 1973, und den Bildband von L. von Matt, St. Alexiou, N. Platon und H. Guanella, Das antike Kreta, Zürich und Würzburg 1967, der nur noch in französischer und englischer Ausgabe vorhanden ist.

Impressum

Bild:	Franz Altherr, Obfelden ZH
Text:	Hanni Guanella, Zürich
Aufbau:	Franz Altherr und Hanni Guanella
Verlagsleitung:	Alphons Trottmann
Typographie und Gestaltung:	Hans Bächer
Druck:	Bilder: Imago Zürich Text und Umschlag: Benziger AG, Einsiedeln
Einband:	Benziger AG, Einsiedeln
Deutschsprachige Ausgabe:	für Deutschland: Echter Verlag, Würzburg für Österreich: Tyrolia, Innsbruck für die Schweiz: NZN Buchverlag, Zürich Englische Ausgabe, Zürich 1971